DUAS CHAGAS

DUAS CHAGAS

MARIANA IANELLI

ILUMINURAS

Copyright © *2001:*
Mariana Ianelli

Copyright © *desta edição:*
Editora Iluminuras Ltda.

Projeto gráfico:
Isabel Carballo

Capa:
Pastel de Arcangelo Ianelli [39 cm x 29,5 cm], 2001.

Reprodução fotográfica de capa:
Rômulo Fialdini

Revisão:
Lizzete M. Souza

Paginação eletrônica:
G&C Associados

Filmes de capa:
Layout Digital

ISBN: 85-7321-164-4

Dados Internacionais de Catalogação na Publicação (CIP)
(Câmara Brasileira do Livro, SP, Brasil)

Ianelli, Mariana
 Duas chagas / Mariana Ianelli. — São Paulo : Iluminuras, 2001.

 1. Poesia brasileira I. Título.

01-4133   CDD-869.915

Índice para catálogo sistemático:

1. Poesia : Século 20 : Literatura brasileira
   869.915
2. Século 20 : Poesia : Literatura brasileira
   869.915

2001
EDITORA ILUMINURAS LTDA.
Rua: Oscar Freire, 1233 - 01426-001 - São Paulo - SP - Brasil
Tel: (0xx11)3068-9433 / Fax: (0xx11)3082-5317
E-mail: iluminur@iluminuras.com.br
Site: www.iluminuras.com.br

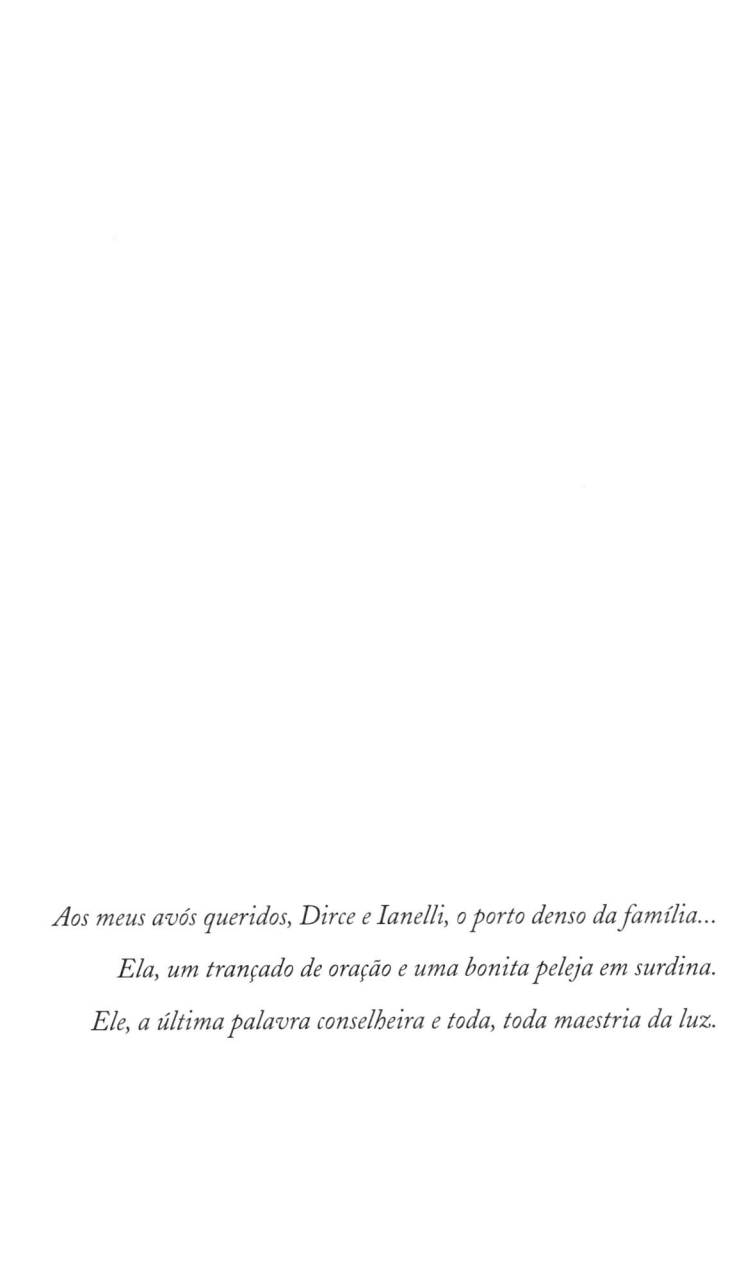

Aos meus avós queridos, Dirce e Ianelli, o porto denso da família...
Ela, um trançado de oração e uma bonita peleja em surdina.
Ele, a última palavra conselheira e toda, toda maestria da luz.

Assim, eis-me aqui na metade do caminho,
e vinte anos se passaram
– Vinte anos a rigor esperdiçados, os anos de l'entre deux guerres *–*
Tentando aprender como empregar as palavras, e cada tentativa
É sempre um novo começar, e uma diversa espécie de fracasso
Pois apenas se aprendeu a escolher o melhor das palavras
Para o que não há mais a dizer, ou o meio pelo qual
Não mais se está disposto a fazê-lo. E assim cada aventura
É um novo começo, uma rápida incursão ao inarticulado
Com equipamento imprestável e em contínuo apodrecer
Na desordem geral da imprecisão dos sentimentos.
Indisciplinadas esquadrilhas da emoção. E o que há por conquistar,
Por força e submissão, já foi descoberto
Uma, ou duas, ou várias vezes, por homens com quem não se pode
Pretender rivalizar – mas não se trata de competição –
E sim de uma luta para recuperar o que se perdeu
E encontrou-se e outras vezes se perdeu – e agora em condições
Que não parecem favoráveis. Mas talvez nem ganho nem perda.
Para nós, há somente tentativa. O resto não é de nossa conta.

(T. S. Eliot – *East Coker; parte V*)

ÍNDICE

Prelúdio, *13*
Caso oculto, *15*
Ad Diem, *17*
Cerimônia, *19*
Êxodo, *21*
Reminiscência, *23*
Narrativa para Adriana, *25*
Testamento, *27*
Terra da Maya, *29*
Puro e sigiloso, *31*
A hora interior, *33*
Deserção, *35*
Dedicatória, *37*
Iniciação, *39*
Jogo, *41*
Sortilégio, *43*
Oração, *45*
Próxima guarida, *47*
Relatos de um homem e seu idílio, *49*
Outra duração, *51*
Essencial, *53*
Cantata, *55*
Viagem de fuga, *57*
Soberania, *59*
Andaluz, *61*

Cortejo, *63*
Variações para morte, *65*
Regalo, *69*
Retrato de Katia, *71*
Duas chagas, *73*
Fenômenos, *75*
Elegia, *77*
Composição, *79*
Espelho trágico, *81*
Mekong, *85*
Antologia solitária, *87*
Carta lacrada, *89*
Lugar morto, *93*
Expiação, *95*
Câncer, *97*
Colheita, *99*
Crise, *101*
Sacramento, *103*
Desacertos, *105*
Chave, *107*
Capítulo único, *109*
Breve, *111*
Ausente, *113*
Angra Nova, *115*
Para amanhã, *117*

Introdução

Foram dois anos de vagarosa pesquisa em torno da matéria escura. O interesse pelas imagens possíveis de destruição e isolamento naturalmente me atraiu, durante esse tempo inicial de reflexões, a unir a beleza da palavra poética a um certo conteúdo de solidão. Busquei me aproximar do inimigo, da epidemia de povos sem um nome e das crianças que cedem à violência porque nada as defende com segurança da sua primeira ingenuidade.

Depois de abrir as chagas da ignorância e da lucidez, escrevi sobre homens que foram derrotados pelo retrospecto dos seus anos, lembrei um amor inválido que ainda deseja alguém para os seus prêmios de afeto. E então, finalmente, recordei a presença da mãe como uma insistente referência anterior à história dos erros humanos e das perguntas.

Este livro, em conclusão, resultou de um pacto necessário com a dor, que agora eu ofereço aos leitores amigos, junto do meu melhor rigor.

A autora

Prelúdio

> *Nesta tarde de férias, disponível, podes,*
> *se quiseres, relembrar.*
> *Mas nada acenderá de novo*
> *o lume*
> *que na carne das horas se perdeu.*
>
> (Ferreira Gullar — *A Praia do Caju*)

A razão de terem fracassado as tuas mãos,
na larga provação desatada pelo medo,
perdeu os argumentos mais humanos
para um tempo de não se dizer palavra.
Uma agenda preenchida com falsas casualidades
parece adorável, pois que já não te pertence
e se te exibe pela inconsciência
da tua situação em descanso
e pelo outro lado da existência necessária.
Que tenhas sido aquele de passagem,
vencido pela utopia,
depois de antigos vínculos contemplados
e alguns poucos bens restituíveis,
não há equívoco.
Que tenhas sido o homem de prestígio,
sobrenome gravado nos batentes,

um brilhante, verniz, lapela muito tesa,
também é condição que não está mal.
A rasteira te assaltaria em todo caso,
nariz estampado na lama, duas pernas quebradas,
e uma irreprimível aceitação do teu ridículo,
como solução, em tua defesa e em teu limite.

CASO OCULTO

> *Entre as cadeias e as ordens*
> *ninguém se lembra.*
>
> (Yorgos Seferis — *Siroco 7 Levante*)

Apareceram no lanço de uma noite
que não acusou o ato
e mataram o rio das sete curvas a oeste,
prepararam as garotas macias dos alpendres
com a ausência lisonjeira de um afeto a qualquer dono,
queimaram a seara deste ano
no retiro das vidas excluídas.
Então o terror encontrou
seu melhor pouso nos detalhes.
O tom carregado das bagas
que enchiam alambrados nos quintais,
nos charcos ao largo da avenida,
começa a amarelar pelas folhas maiores.
Um veneno deita lento na pele da verdura
que alimenta os tietês e a malhada,
ofendido o monumento de mulher
que dava nome à cidade,
o galpão das máquinas largado à duração tão elementar

dos seus beirais e das alturas erguidas
para a sombra indelicada dos depósitos.
Só o que deixaram alarmando a única passagem –
o par de botas curtidas, o cinturão de alpaca,
o milhar de moedas muito antigas.
O que largaram aos simples de sua presença absoluta.

Ad Diem

A palavra quedou sem elogio,
aguardava a dissipação da mulher.
Os códigos imobilizados
na simplicidade do sem-tempo,
na barreira opaca do dia.
Sobre a história e sobre deuses esconsos
uma utopia de anos se impôs finalmente,
e três símbolos apocalípticos
prenderam-se à terra de todos:
a águia onipotente,
o átrio onde o couro seca e esturrica,
a pêra amolecida logo passada sua maturação.
Agora as imagens estão para os que vêem
e os que cegam
e adensam o valor que lhes derem.
A separação dos irmãos poupada
porque dissipou-se a mulher,
o artifício final de sentir e muito sentir
porque não há a mulher.
Plenos de si,
os fatos que elaboram o acaso e as mortes,
porque falta a mulher.

O enorme indiviso
se enaltece ante as raízes decepadas da família,
da terra insípida e de segundas esperanças.
Afligiram a mulher.
Debalde, qualquer escuridão
pode já ser possuída pelos outros.

Cerimônia

Agora saberás o vigor ignorado do tempo.
De uma vez serás efêmera e eterna
como o animal que anda sobre a campina.
Tua boca de amar,
mas amar com demorados intervalos ausentes,
se abrirá sem música, murcha e seca, pedindo água.
Então eu virei de outros mundos
em minha jornada violenta para te aliviar
e suportar o deserto contigo.
Virei de uma andança antiga te pertencer
e debaixo de um ramo de avencas
pentear teu cabelo com as unhas.
Serás a mulher dentro do meu abraço,
e, para quem eu terei vindo, serás mãe.
... A audácia fatigada do tempo
posta em ti, porque é agora.
Como o animal que caminha francamente
e amoroso sobre a grama, serás mãe.

ÊXODO

Os bens retalhados, os partidos, as virtudes,
limpo o acumulado.
Há meses uma candura foi expulsa da nossa casa,
proibida a alma das decências.
Apenas uma criança se livrou.
Copiamos a aparência enjoada do mundo,
estas janelas imersas, o fosso das construções,
a praia desmembrada do lixo.
Um miúdo, aquele nosso, foi repreendido de súbito.
Mantemos o avesso
e mesmo nossos gestos reflexos
nos contêm do amor.
Andamos sempre mais um pouco
na linha do nosso passado, sempre pela manhã
nos predestinamos a essa eternidade contrária.
Junto ao muro de sangue, antes do baque,
a nossa derradeira criança ouve o disparo dos tiros.

Reminiscência

Esquecemos o tema.
Ele fende a madeira, bordando delicado as arestas,
eu trato a colheita debaixo do cordão da aragem.
Nada nos pertence — últimos mandamentos,
o dever e o tédio dos dias,
famílias lendárias, ironia.
Estamos de volta à beira dos mundos
e sob o pano se aquieta a razão
da nossa continuidade secreta.
A geada bate na terra, desatina as séries da fome
e nós não desanimamos.
Todo tempo pela coragem da maior renúncia,
todo tempo de hoje arrancado de falsas glórias.
Ele talha a madeira, aparando com bom jeito as margens,
eu escolho as raízes, separo a polpa da casca.
Alguma diferença estrita em nós
surpreende a imprudência da fuga,
um mistério não comentado,
uma ambição impedida de voltar ao passado
que tínhamos matado no tempo por um golpe de sorte.
Não perguntamos pela mãe deixada na ponta da história.
Assim foi resolvido.

Mortos, quebrados ao meio.
Revemos os exércitos calmos,
a conformação de milhares, o vírus temerário.
E nenhum reconhecimento é nosso:
a cela terrível dos anos, o verbo régio da tradição.
Na tarde isolada do terceiro dia,
nós renascemos do ácido.

Narrativa para Adriana

Foi nos montes de feno
ilhados ao largo dos campos de Santo Ângelo.
Os meninos celebravam a volta do mês fabuloso
oferecendo sangue fresco ao presente.
A força se erguia de uma derrota escrita
nos retratos distantes do povo, foi isso,
ali retornou o ditado da destruição
fendido da sepultura dos grandes,
não por maldição,
mas em uma loa ao bom humor
que sabe rir das agruras,
às orações pela terra branca
há tantos anos curada das pragas.
Quando nem se recobrava o massacre
que atentou a normalidade de Santo Ângelo,
o tempo transpôs as ruínas
e entregou seus filhos errados à loucura.
Face à memória dos meninos
há o ódio íntimo que a derruba,
a partir de um caos.
Os hinos são pela aventura
em que um povo sem infância acredita

ao deparar com o extraordinário.
Cartas jogadas a nada,
para não aproximarem os mais novos
da recordação repulsiva.
Tampouco a arquitetura da cidade
diz o subterrâneo das gentes
que se criaram por suas repetidas negações.
Os retrospectos não levam a parte alguma.
Santo Ângelo apagou-se do mapa,
e nenhum relato deteve suas danças primárias.
Os meninos orientados pelo vento
admiram sua própria alienação.
Nenhum poeta para contar o bestiário.

Testamento

> *Chora, irmão pequeno, chora,*
> *Cumpre a tua dor, exerce o rito da agonia.*
> *Porque cumprir a dor é também*
> *cumprir o seu próprio destino.*
>
> (Mário de Andrade — *Rito do Irmão Pequeno*)

A vida, para desejares viver.
Um rosto emprestado de Deus
suscita da calada
para ser um rosto de homem,
teu voto de beleza.
O tempo de vir
é fortuna que não escolheste,
tua mãe é o primeiro regaço que não escolheste,
primeiro amor para amar, exaltado e fiel.
Mais tarde, o teu corpo desiludido
ou transformado em fonte,
um amigo arrastado no vento,
adágio seduzido,
mais tarde e de novo o silêncio,
que já não é o teu sereno,
mas uma tristeza inimiga

mais leal para ti que o teu corpo,
que o teu nome sonoro
e as concessões pela mãe.
Procuras um amor natural
como quando nada sabias,
mas a perda de Deus te ensinou,
como aos outros, a desconfiar.
Uma doçura é tão próxima,
mas e o teu pavor de amar...
Na concha acanhada, durante,
escutas o sangue no passeio pelos dedos,
escutas no peito uma autonomia ignota.
Daí compreendes o sigiloso
de perseverar e doer...
Tu és a vida que não veio,
e que mais sinceramente, no entanto,
está perto da tua nitidez.
És teu próprio filho emudecido, desatento.
Mesmo que sintas frio, como sentes.

Terra da Maya

>Da lenda de José Fortes Júnior em
>*Estação Archeologica d'Alvarelhos* de 1889.

Os menores de São Marçal
persistiram reboando nas fontes,
contentes por uma certa moura
que a legenda conta ter surgido
das achas diante de um fogo.
Estavam reunidos até onde
a visão do monte encalorado os entoou,
à mesma hora em que nalguma profundidade de senda
folhas tardias estalavam
dando a medida da velocidade
que primeiro duraria aos filhos do rio.
Os miúdos ali não são para tanto orgulho
que não se comparem às estacas tortas pela ventania
em torno de propriedades imundas
no seixo a retalho e no pó.
Em São Marçal permaneceram seus garotos sombrios
encolhidos nas brenhas, o peitinho feio gelando,
e o resto da voz feminina que os ajudou a fugir.

Puro e sigiloso

Uma tarde amanhã
e já te podes enrolar no linho da cambraia,
admirar os colegas que tornam de Anshan
a reproduzir-te uma viagem impermanente
no prazer das vinhas pejadas de malva
até a lenta passagem de um caramanchão.
Estás para decidir que nada aconteça aqui
a mais que as tuas manias de olhar da sebe,
entre ervas, o bichano esfomeado querendo atenção.
Fechado um segredo no tom da banalidade,
para não surpreender-te demais contigo
e não falhar teu coração,
representas a espera sem nunca encarná-la,
que não tens bem o que esperar.
Se torpe ou ingênua, a tua obrigação de ir,
revidando e de novo morrendo e de novo revidando,
resta insensível à realidade.
(Também os inveterados, muito de partida,
soam ridículos com seu pobre fascínio
e as têmporas ressaltadas...)
Enleias-te no conhecimento de aldeias distantes
e que te importa talvez um alheamento

que a ninguém ofende e que não te maltrata?...
Se te desses a crer em um desenlace,
agora como quem fortemente espera
ou como os teus colegas de Anshan,
então um acaso no vilarejo
terminaria fortuito para ti, ou às vezes terrível.
Mas desde os teus velhos queridos, na casa a três,
viveste de explicações instantâneas.

A HORA INTERIOR

Eis a ocasião plena de rezar por ti,
que ficas porque ainda é hora,
e as botas por lavar, deitadas na entrada,
sozinhas não se recolherão.
... Quem desconfia da tua risada fácil?
Se há um traidor aqui infiltrado,
por certo que não serás ele,
e para te unir ao menino (que foste), um socorro,
e por socorro sentir (e sob os pés)
a raiz do teu fado antecipar-se ao pior,
por teu dom e sem mais calafrio,
desinibir o medo, tirá-lo dos cantos,
e então quanta serenidade, apesar de atroz e decisiva,
e tua faceirice envelhecida
agora mais pura do que se toda fresca,
e no apartamento um deserto imprevisto
entre duas compreensões que iam juntas,
a tua e a outra, de quem te acompanhava,
e no meio de ossos e de calhaus,
e de tuas pupilas queimadas,
a pequena pedra turquesa
na forma de um encanto em continuares,

embora o lema de conquistar o objeto,
e portanto perdê-lo
e portanto acordá-lo desinteressante,
um livro que seja o objeto, ou a igreja, ou a mulher.
Tuas cartas essenciais, depois de interpretadas,
causaram anos mudos dentro da brutalidade,
e toda paciência reunida
para que vivesses à sombra do pêndulo
foi o impulso que sozinho bastou
para suster as tuas próximas perspectivas.
Em volta, outros homens ferrados no sono
com as suas olheiras fundas e fabulosas,
armados de opinião, te diriam:
Muito triste, muito triste, mas apenas e por enquanto.

Deserção

Jaz o ruído do poço, da palavra má,
jaz o insulto de um corpo
aproveitando outro corpo,
mas nada suporta o bem
da tua salvação imaginária.
... E o amor terá sido o princípio
antes de baterem a terra
no louvor desvanecido por ti.
Manteve-se o túmulo,
o viés da curva onde acabaram
os teus poucos camaradas,
isolados no fundo de uma nostalgia impróspera.
Nos meses adiantados de submissão aos acidentes
e de seguinte convalescença,
a tua audácia precipitou esta devoção por doer.

Dedicatória

Em lembrança de minha bisavó Julieta.

Neste tempo já não te brindavam,
não vinha o amor de dois olhos
conformando sequer tua saída.
Não se viu uma criança
para corrigir teus receios,
acobertá-los com uma brincadeira.
Na revolta da agonia tiveste
alucinações viajantes
e te cansaste da espera material
tão ríspida, tão tão prolongada.
Não vimos nada, nem teu enlevo
ou a certeza do teu desapego.
A noite estava marcada,
uma essência pairou sobre a cama,
alguém (que não vimos)
trouxe para o quarto uma realidade enternecida.
… Tu entraste.
Foste com tua simpatia,
a memória de súbito acesa.
E porque não vimos qual o teu rumo

um trauma nos acometeu,
desgraçamos tua retirada.
Arrependidos, nós.
Teu corpinho era uma cidade perdida,
com a desolação que deixa
uma cidade perdida, a regredir
só pela paciência escorregadia de um século.
Pensamos: foste quieta para a terra.
Não houve quem assentisse na tua canção na noite,
uma esperança sublimada.
Foste, airosa, rodeada de violetas,
minha pequenina eleita.

Iniciação

Aconteceu quando a sorrir
Eram só os mortos: contentes pela paz.

(Ana Akhmátova — *Réquiem*)

A versão remota dos fatos se danou
e nem portanto desapareceu
a defesa dos enredos mentirosos.
Na hipnose ou na violência,
a sentença verdadeira surpreende falando estrangeiro.
Certo que a trégua resolve os seus homens
não em uma única partida,
mas que eles desesperam aos poucos
em horas por dentro sem conversa.
No entanto se, por resumirem o longe,
dois abandonados concordam à toa
e espantam o rigor da onipotência,
então eles amam.
O inverso dilatado, o inverso deduzido,
são esses contraditórios compassos febris
que desabalam um pobre homem ao absurdo,
e ele trai, ele desterra, ele condena.
Um outro que toque a raia calma do talento,
este sangra, abafa a mágoa e se rebaixa.

Pela vida equívoca, mas isenta,
uns rogam a lealdade de na pele
receber os resultados azarentos do desprezo.

Os dirigentes, milagrosos dirigentes,
gastam-se a todo o fuzil.

Jogo

Tão certo um tropeço.
Tão prestes a denúncia do assassino,
a surpresa da nossa dimensão irrisória.
Consentimos no adeus,
no músculo do inimigo,
na precisa ironia de um amor
que nos convida a ser bons:
estamos na órbita desvairada
das obscenidades e do pranto.
(Ainda o sal pega no lábio
selando a renúncia dos companheiros.)
E porque uma armadilha não vinga,
porque é sempre o mesmo nojo refluindo,
nós defendemos nossa sobrevivência boba.

SORTILÉGIO

Ainda pude adorar esse cheiro.
Terra cevada, cercada, perversa
e o longo escampado
das faltas que me romperam.
Os irmãos não me dizem,
o filho imaginado nem anda mais pelo quarto,
minhas direções se extinguiram
numa estranha conformidade de não realizadas.
Dispersei, num frio.
Um gesto que o braço não soube,
um intento que não signifiquei.
O Diabo sorri, sentado diante da cama:
ritual de cada noite, ter com o maldito.
Pensar aos atropelos, tremendo,
e meu amigo brusco por companhia.
Fervemos: perdas esclarecidas,
o sonho esclarecido.
Mas o hortelã impregnou na camisa,
mais, nos dedos sujos,
mais, em um nada indistinto.
Foi daí que eu me respondi,
segurando tua presença,

te mantendo bamba, apertado ao peito,
contra a minha estupidez.
... Eu ainda pude.

ORAÇÃO

O elo prometido na distância,
porque segurou em si o rosto traumático
e o recompôs dos passados ordinários,
porque igualou pela interpretação
a covardia à severidade
e porque nunca remoeu a fantasia,
embora morressem as praias e as vontades,
agora é um elo distendido, arregalado,
esperando pela gente que em vezes infinitas
o reivindicou e o pôs desamparado.
Ficou suspenso, sim,
palpitando por trás de empenhos naturais,
muito perto da sua origem piedosa
e de suas bastas provisões.
Talvez alguém, um lacaio,
dê o esforço de suas garras por um erro.
Mas onde não vale um só juízo, uma sentença,
o mesmo ideal se antecipa sem aviso
para fazer dormir ao agitado,
fazer amar ao selvagem
e espertar ao pior demente.
Basta que o recebam.

Próxima guarida

> *Não olhes em volta.*
> *Ata os sapatos.*
> *Recolhe os cães.*
> *Lança os peixes ao mar.*
> *Extingue os tremoceiros!*
> *Vêm aí dias difíceis.*
>
> (Ingeborg Bachmann — *O Tempo Aprazado*)

Sossega, pequeno,
senta-te com os amigos, em minoria,
no bar dos galegos a duas horas do porto
e desiste, rende a tua cansada eloqüência
sem mais propósitos que o de sepultar o navio,
o velho bichano, tua mulher confiante,
para estares solitariamente próximo
dos teus planos de retirada.
Nem haverá trégua para a doença
no sentimento de muitos
que já não prezam a discórdia
e não levantam para viver sua quarta infância.
Os olhos gastos, o grande coágulo no estômago,
a púrpura grotesca pegando no pescoço,
uma gorda dentada pelas costas...

Eles pagam sua pena de joelhos,
os cães à solta ladrando no vazio,
espécie de vazio que precede calamidades
quando a munição e o medo são rasteiros
diante do fogo seco nos tendões,
do tumor que abre um encarnado no seu centro
e enjoa com uma essência mais inebriante do que morta.
(A tua máscara de idéias geniais
distrai uma história de humilhações
mas os teus sapatos não...)
Repara que afinidade insuportável entre os vencidos
em sua infinita incomunicabilidade,
que raivosa convivência do perdão com os enganos.
Ei, pequeno, imita de algum outro iludido
a paciência adulta de crer, por contrato.
Mas se não estás contra a peste, ou junto a eles,
um amor esquálido, indigente — e idôneo — é teu.

Relatos de um homem e seu idílio

Mal acordado, em tua primeira pele de algodão,
e já teu cenho contrai um aborrecimento
que se desfaz logo depois da refeição.
A mesma clareza descrevendo
uma saída qualquer que te levar:
é quando podes lembrar o teu apego
pela reconquista agressiva dos irmãos,
quando o café vai ao fundo da caneca
porque demoras planejando a tua agenda
e como incluir ali, conformado entre
compras no mercado e estudos de poética,
um horário para amar teu pai.
No período do gelo espelhado embaixo da pétala
reaparece tua origem pagã
como uma evidência ociosa
da esposa na noite espanhola,
de teu quase colapso, há décadas,
na ponte escusa sobre um luminoso
ou no edifício gigantesco
debruçado às possíveis soluções.
Tuas crianças contaminadas
— e tuas porque as contemplaste —

vão à boca do esgoto para ouvir o peso da água
ou em outra rua, de um outro solitário,
novos miúdos devem estar à escuta,
arrebanhados pelo inexplicável,
produzindo para o teu inverno
esse mesmo estado cinzento
que o amarelo desde uns dias, à tarde,
carrega na densidade do frio
como se só a terra o suportasse.
(Eles, meninos, estão com a riqueza
que te dariam antes de a geada amaciar...)

OUTRA DURAÇÃO

> *Mas há também*
> *Outro modo de o sentir.*
> *Pois segundo a nossa medida*
> *Também o que é rude é necessário*
> *Para que o que é puro se conheça.*
>
> (Friedrich Hölderlin — *Hinos Tardios*)

Em pequenos
nos despimos para o estranho
(muito desajeitadamente)
por um punhado de caramelos.
Não o frio da hora, não a virtude inibida,
mas um contingente novo
esperando possuir os impasses
com a mesma ignorância linda.
Medimos um nome sagrado
a cada desapropriação
que entre sombras e nervos
nos deixasse o restante da mordida.
A ficção adormecendo,
bloqueando o diálogo nas gerações adiantadas,
e continuaríamos o êxtase sem um último veredicto.
Estávamos à mesa

quando o pai estremeceu pela falta de comida.
Fosse amor demais, fosse uma luta interrompida,
não decidimos se as verdades desacreditadas
compadeciam mais do que em vida.
Por hoje acertamos o preço
da cautela que tanto impedimos.

ESSENCIAL

O branco há de me cobrir.
Nenhuma ótima filosofia,
nenhuma música para essa vez.
Os bárbaros conversam comigo do poço,
os mais hábeis, os mais inertes.
Minha confidência se abre para eles:
é a demolição do minuto pontual,
da cadeia insustentável de regras,
dos meus calçados infalíveis
que respeitaram sempre um certo simulacro.

Bárbaros por uma ausência profana
de ideais e arrependimentos:
o exemplo da rendição inocente.

Deveres à parte,
costumes exauridos e desígnios à parte,
o branco há de deitar sobre mim.

Cantata

Escrevo-te, meu valente,
sobre aquela ave de estuário
que rebatia seu mergulho numa alçada
e agora passa riscando a vaporosa
porque já não agüenta descer rasante para a água.
As casas no remanso da estrada lateral
— nem soubeste desta no nosso tempo irreparável —,
pela novidade sadia de se voltarem à luz,
dizem aonde vão dar os tropeiros que seguem,
as jovens estúpidas de chapéu largo,
o negrinho da nossa fábula americana.
A espera no fio das pedras não me faz inspiração
como em tua certa companhia
quando ouvi a existência das pontes
e dos faroleiros e das barcaças cambaleantes
pela tua explicação terrena de amante que mal aportou
e surpreendentemente embarca de volta no remoinho.
Escrevo-te, meu bom valente,
para que a todo novembro seguinte
não seja mais tua chegada.

Viagem de fuga

> *Fica Vauville, esse jogo da macaca,*
> *fica a decifração do nome em certas campas.*

(Marguerite Duras — *Escrever*)

A partida para o fim
segreda uma aventura maravilhosa
de entregar-se ao desprezo da vida.
Na ilha entristecida em que os mortos despertam,
o esquecimento cobra os instantes
sem fazer condenados ou inocentes.
Onde a fé se descuida dos simples acontecimentos
e os bobos se cumprem com respeito legítimo,
onde a fera é deitada na areia
pela atitude comovida dos seus enjeitados.
No centro das águas mornas,
qualquer sobrevivência abandona
as retribuições memoriais
e arfa sem objetivo.
Os casos já desempenhados,
as metáforas decompostas
retornam com um espírito nu
que vara igualmente a fruta magra,

a pedra da costa no passeio de volta ao negro,
os seres sobrenaturais.
Nenhum ressentimento,
os tremores sucedem indiferentes à graça.
A medusa indo ao sabor da espuma,
ou ressequida no sal das margens,
um caramujo esforçando-se tanto,
embora as duras noções de tempo e espaço,
para provar do gosto mineral,
ou apenas ele feito em concha
para a canção aleatória da brisa.
Os selvagens de pestanas baixas
sempre evitaram julgar a corrente dos dias,
mas vez e outra suas risadas
invadem o interior da natureza inculta
e passam adiante alguma instabilidade.
Na ilha dos mortos, os ciclos de existir
continuam em direção ao sono.

Soberania

A mensagem de Ana
anuncia um poder que não se espera.
Ultrapassa o dialeto original,
as virtudes da língua conhecida,
atravessa tristes civilizações.
Nem mesmo um homem
encontra a expressão perfeita
para bastar em sua resposta.
O comunicado além, como o da morte
que não se comenta nas reuniões financeiras,
em odes aos vícios, em automatismos.
De muito longe negros opositores
marcharam sobre a reta marcada,
juízes partiram levando seu postulado,
seus excelentes regimentos.
No espaço desarrazoado
o nome de Ana se fixou,
elogio da mente, segurança dos poros.
Algo de que se despedir.

ANDALUZ

Vaga pela terra, filho trágico,
com as tuas duas mãos livres.
Furta o colo das putas,
escuta o ventre delas exausto.
O retorno sempre admirável de Sarah
te conduziria àquela velha madrugada de amplidão.
Mas afasta esta necessidade, filho.
Quem uma vez mudou seus sinais correspondentes
não voltará de pronto.
Nenhuma reparação, não há nada.
No mundo, cotidianamente, andarás sem teu coração.
Por cinco anos andarás, cismando com tuas faltas.
É preciso que seja assim.

Cortejo

Um império caiu com a sua prata,
o seu espírito desacelerado por detrás da soberba.
Os domínios caíram e as altas catedrais absolutas,
seus mosaicos seculares,
os heróis nomeados nos duelos,
legendas da vitalidade.
O mestre ruiu, finalmente.
Fechadas as casas, os adjetivos.
Calamos um privilégio e nos sentimos bêbados,
mas não nos levantaremos amanhã
contra a morte de nada.
As crianças se oferecem ao feroz da nova geração,
descansam nos ferros retorcidos
e nunca temem a nossa vergonha infeliz.
Do zero subimos paredes,
reconstituímos os átomos impassíveis,
velhos fatos desordenados,
o que a lei nos excluiu.
Calamos o insolúvel e nos sentimos menos,
mas o poder do abandono reeduca as nossas crianças.

VARIAÇÕES PARA MORTE

> *Que me tomes sem pena*
> *Mas voluptuosa, eterna*
> *Como as fêmeas da Terra.*
>
> (Hilda Hilst — *Da Morte. Odes Mínimas*)

A gota ácida, o mármore em cima.
Coroa de espinhos.
Mais outra vez um chamado de carinho,
uma flor dedicada.
A ganância do escuro querer ser mais negro.
Ela, não a verdade,
mas cólera radiante na perda de tudo,
e do mundo novo.
Um abuso do vento, ou a furta-cor.
Furta azares e acertos.
Ir para o susto do inaudito,
a mais secreta gestação da vida.
Saudade para os outros.
Lentidão maior do gesto,
o tempo cedido de sobra.
Livre proveito do sono.
Guardar-se, sumir-se nas alturas de lá.

O corpo abastado, sublime.
Prazer ao meu descanso.
O lado da sombra sem lei,
sem vacilo, voz ou contradição.
Prazer, prazer.
O dia inflamado em mim.
Nada de necessário,
de providente, fugaz.
O nada, devagar.
Regato das delícias tão invisíveis.
Meu largo estremecimento pelos céus.
Langor inesperado surgindo
de qualquer pouca fé,
de qualquer reserva miserável.
Um amor desocupado, minúcia.
O corpo ficando lento, tão lento
como uma parte do infinito
fora de qualquer tempo.
Tanto prazer.
O mais, longe de mim, que será meu.
Intervalo de toda a canção,
e de todos os homens.
Minha isenção.
Um suave recuo para dentro,
e a partida desenvolta.

Sentir isto e aquilo, generosamente.
Iminência de não ser.
Ela, ambiciosa para vir,
mas com seus cuidados, sua sedução.
Ela, a melindrosa.
Bendita.
Noite resolvida em mim,
sua água densa de inverno.
Meu corpo atenuado,
dançarino... amiúde.

Regalo

> *É vermelho, púrpura,*
> *Carmesim, afogueado,*
> *Encarnado, sangüíneo,*
> *Cinábrio, corado,*
> *Rubro, escarlate.*

(Darcy Ribeiro — *Eros e Tanatos*)

Prepara as costas em disparada,
uma respiração veloz para cantar tua entrada
na treva do largo refúgio.
Põe num giro, planta a tua verga,
(os nervos queimando)
e os dois trabalhando pelo mais,
a pergunta que sobe os pulmões
embaixo ela incha, conquista evoluída...
Dedos entre dedos,
a mistura se firma, demorada.
Boca de um vem rogando,
ajustando assanhada a mira do assalto,
boca de outro se banha, gostosa se junta
enlaça e baba.
(... Boca se bebe na boca)

Cabelo dos mares valentes
corre no braço, arrepia o seio,
um choro estridece, cantado na orelha
— eco de confissão.
Carne na carne,
as chamas concorrem, bamboleiam metas.
Ela enforca as tuas saídas, e te pede — vem,
aflora, aferra, afunda aqui.
Agora tua a seiva que é de poucos (de tão poucos).
A língua desenrolada solta na pele o melaço,
o seu ardido sabor.
O regalo entornando sem controle
em ti na outra em ti,
uma impureza desvairando insana,
agarrada bem na raiz da tua importância,
da tua perfeita afirmação.
Atrás da cabeça os punhos, contorcem-se veias,
no lábio borbulha uma condenação...
Vai e chora no estreito, duro, forte
e agora encharcado estreito.
Vira fuzil doido, incontido, e jorra,
fonte na fonte.
Caídos do topo, úmidos e compensados,
teu riso que rasga o quarto,
iniciamos o abraço só nosso.

Retrato de Katia

Separada da tua sorte, desde muito,
trago junto da manhã
teus olhos estrangeiros e assustados.
Todo retrato que defendo para mim.
Num segundo meio deslocado
da nossa espera sem-razão, adiante,
te verei mulher de uma clareza expandida
que me confundirá.
Vejo estes silvestres para que eu não te duvide
quando surgires entre eles e eu te redescobrir.
Tua boca não é essa, não é como nenhuma,
a tua boca é só a tua
e os olhos que eu lembro,
não os mais belos, não os mais quentes,
são o teu brilho triste de ser, tua síntese azul.
E quando vieres, eu te pergunto,
serás quem eu lembro?
Luto, emboscada, revolta italiana,
ou terás merecido os outros
que me põem muito medo
por seus caminhos hesitantes, suas armadilhas?...
Organizo aquela mesma menina

jogando o cabelo louro para trás
e peço repetidamente
que sejas ela quando vieres,
que eu sorria, quando vieres,
como outra criança que te fizesse festa.
Alguma saudação calada entre a gente
de improviso vai lembrar e esquecer
o peso obrigatório dos dias.
Adiante, surgiremos desvelando nosso próprio susto.
Agora vem, que está feita a minha prece.

Duas chagas

Os que não sabem
matam e suprem com mesmo destino.
Filhos da mentira, amamos porque não.
Alegóricos.
Os olhos e os dedos apressam alguma conciliação
que afaga nossa parte inválida.
Por todo esse tempo formamos o alvo certo
e nos arremessamos em riste,
humanamente, perdidamente.
Histórias justificadas, rompidas, libertas
valem nada se uma palavra esvanecida nos serve.
Decadentes.
Rimos da nossa igual finitude, nos vexamos.
Adoráveis e decadentes.
Nossos poemas possíveis estontearam
na saúde da boca, na cabeça madura.
Pobres autores de nós, que sabemos.

FENÔMENOS

Ainda não aquiescemos com toda a cortesia,
mas sentimos que sim,
que abençoamos com nosso acorde branco
já sem orgulho
as sementeiras descavadas à raiz
para manter a aldeia dos negros
definhando o seu destino faminto,
a lava despetalada no sopé dos montes caraíbas
pela tenebrosa begônia novamente altiva,
e os estilhaços pessoais varridos logo após
na torrente inesquecível do carvão.
As estâncias pegadas de lama nós abençoamos
no percurso delgado da enseada tropical,
e nossa grave exaltação para a nevasca
que lavrou na brancura quarenta famílias americanas.
E para os anéis do fogo festejando uns pinheiros mirrados,
para o surto da explosão
em que as abelhas fulminam por último,
este nosso aplauso também incandescido.
Juramos, se podemos, pela malícia do tempo
que produz a escória e uma tortura
tão escalvada em seus ódios internos

que, pela concisão do que é nossa vida,
não alcançamos, a menos que flagelados,
contorcidos em um abalo estrelado, outonais.
E sentimos que sim,
que detemos o estupor nos cantares de indulto
dos filhos menos ágeis,
durante a evasão chinesa contra os mares.
Com os joelhos apertados à terra, não reagimos,
e cada um que trate dos seus companheiros incertos.
Nossa frente recolhida em qualquer zona da treva,
e cada um que obtenha a intuição do seu refúgio,
e de sua exposição mais vulnerável.
Nós embalamos a juventude de uma severa louvação
aos habitantes nauseados,
e aos outros vagamente restituídos.

ELEGIA

Miséria que pedimos, ao revisitar a casa.
Nos fundos, um mesmo estrondo de portas
nos transmite a história anterior.
O que houve no terceiro quarto,
desde o verão das crianças,
guiou o novo pesadelo
de um convívio superado pelas distâncias.
Páginas não-lidas,
a sabedoria vertendo da paixão para o oblívio,
uma questão indefinida que faltou entre os dentes
e não imaginamos.
Alguém encerrou a ameaça dos nossos castigos
no curso da estação
enquanto os pequenos dormiam sem Deus.
Não soubemos o que falar, o que ouvir,
como gostar das manhãs sufocadas e enfraquecidas
pela segurança em anos mais satisfeitos.
Nesse dia que negamos,
os fantasmas sobre a lareira escolheram nossa vida.

Composição

Ainda não viemos para tirar tua coroa,
para escurecer-te a pele em redor,
nem sangramos tua passagem por nós.
Aguardamos o viço das expectativas,
porque o nosso golpe apenas existe
para abater a beleza na sua mais vasta exibição.
Foi apenas o sal subir à margem
e cada elemento tristonho tomou sua propriedade no espaço:
o branco, o ciano, o magenta,
e, à extrema esquerda da tarde, o olho maldito do pai.
Na evidência que, por verdadeira, chega desregrada,
o juramento de estares pura malogrou
em um subterrâneo tão afirmativo
que não recorreste,
sequer quiseste para ti mais oportunidades.
Por fome fizeste errado,
deste a licença de tua confiança aos outros,
teus pingentes valiosos em respeito a muito pouco de teu:
tudo penhorado na hipótese de duas notas altas
que na mente fizessem a troca das tuas noites concluídas
pela liberdade de não cultivares delas um só registro carinhoso.
Batizado teu corpo no lodo,

exposto teu justo cansaço de mulher,
acertados os termos do acordo,
que a tua vida arrebente, e calada.

Espelho trágico

O sacrifício de um homem resta entre sua ofensa
e a homenagem de milhares.
Para quantas horas forem,
uma lacuna depõe as últimas provas da memória,
para quantos anos mais
serão o reverso e o direito semelhantes
nas suas provocações ao acaso.
O anjo mau vem declarar
a ordem pela qual se fazem as armas
e se recolhem cabeças anônimas e cientes
que viajaram à toda no outro lado
com seus assassínios intactos.
Própria dos olhos a revisão de mortes horríveis,
de madonas arrependidas dos seus votos,
de animais por fim silenciados,
próprio dos olhos prender um ponto fixo
para relutar contra o que é o tempo imaginado.
Um novo século arrasta para diante
a dicotomia do soberano e dos fracos
em tantas versões dissimuladas
e ali o homem, o mesmo eterno homem,
dentro de um cômico teatro de classes...

Inadiável o sangue decepcionado,
a razão da madureza estarrecida,
que sobrevive de suas possibilidades,
os baixos limites cobrados a esse homem
durante o seu expediente diário, e no seu fim.
O grande poema celebra o que cessou,
virtual ainda, persuadido,
ansioso da experiência da palavra,
que tarda tanto a denunciar a violência
mascarada em uma absurda gratidão pela vida.
Uma falta entre duas vogais arranhadas
e nela o rastro, o espanto generalizado
por algo que se perdeu
e do qual não fica a sua intenção
ou sequer o seu espaço descoberto,
mas um apelo raivoso, apenas isso,
que há de guardar o homem
num favor sempre presente.
Não há desfecho, as expectativas terminaram,
e as mesmas cartas se reorganizam nas rodadas
para quem bate e para quem deixa passar.
Agora é o mal excedendo seus caprichos
que não matam definitivamente
mas burlam o passado visionário
e qualquer breve atualidade.

... A mão direita firma o acordo invisível
da culpa, da capitulação.
Este é o saldo ordinário do tempo,
parágrafo de velhas ocupações e pontualidades,
esta é a dramática insegurança de tudo
que torna o homem um aprendiz dos anseios,
como quem agora se reconstitui
perdido do ventre melancólico.
Na altura da força definitiva,
as escolhas da verdade não dão mais trégua...
Um encontro febril com o outro,
o limite insubmisso dos nervos,
o julgamento do homem a si mesmo
concluído às escondidas —
cada plano do jogo encerra uma rara direção.
São conceitos lançados à mesa
para serem medidos, consentidos talvez
pelo irmão menos traidor.
O que se planeja nos detalhes,
domínio de um homem em quem o anjo mau se afigura,
o despeito e o abandono,
entregues a um ensaio de destinação.
... Será a sobra das maiores apostas
este oferecimento da vida:
um ousado pacto de confiança com o tempo

que se dobrará, submetido pelo mal.
Não há culpa em acostumar-se à pobreza,
à faísca de ao cair e deixar-se.
Não há mais resistência digna.

MEKONG

*Nossos corpos compreendem-se
cada vez mais tristemente,
mas eu amo esta púrpura desolada.*

(Antonio Gamoneda — *Pavana Impura*)

...Ter dito que podíamos
no asilo do trapiche por detrás dos pinhos,
na meia tarde escassa a discussões...
Um indício consumado, a despeito da luz,
da luz cindida aferroando,
recuperando a nós dois mais espessos...
E mais... ter visto o mês benfazejo
na tempestade que estacou a um palmo
das nossas partes sulcadas,
na testa, na margem castanha das pálpebras,
no lábio que alterava um canto asiático...
E mais... a mesma canção na pausa do que
foi pedido um minuto possível, autorizado,
para provocar os dedos,
e para acertar-se a demora atordoada...
E ter desejado imediatamente...
e quem se enganou, por bem, na linha de fuga,

embora sem atravessá-la,
e quem se desprotegeu, por justa modéstia,
e mais se gabou da sua tranqüilidade...

.... *E ter havido o nosso parentesco com o verso...*

Antologia solitária

*As tuas lacerações falam do jogo perdido
Contra uma doença superior à cura.*

(Robert Lowell — *Mr Edwards e a Aranha*)

O acordo fica encoberto por um enigma difícil
e toda invocação para devorá-lo
assemelha-te à pior esquivança...
Reencontras a fortuna
de um passado tangível entre os escombros
e, tão perto, um ensejo acolhe este sempre retrospecto
que te leva a uma síntese satisfeita da memória.
Logo em retorno, num caminho à realidade,
novamente imperturbados tu e a modéstia
da qual, está claro, não devias ter-te despedido,
nem mesmo no fim
ou com a facilidade primitiva que há na arte
de teres realizado uma incursão fora dos teus alcances.
Por muito preparaste o oriente que te isentasse do medo,
que despertasse da elegância negativa o teu silêncio.
Em ti mesmo descobriste um observador
tão desprendido dos amantes em redor
que não sobrava sequer a lembrança

desses interesses solícitos e demais hipócritas
que afligem o conceito das belas imagens.
Inconfessas as tuas pretensões desiludidas,
a náusea dos teus humores bons e maus
(que ainda agora se alternam arbitrários).
Tu te afastaste do sentimento dos outros,
da intimidade com certas palavras reincidentes,
foste um velho que fechou entre os dedos
uma única propriedade prevenida do amor:
a regra de esquecer, e portanto desastrada regra,
para suportar as separações
e o vexame de uma vaga chance fracassada
que infinitamente se abrisse à deriva,
renovada e no entanto mais piedosa,
entre a borra da matéria morta.

CARTA LACRADA

À Giuliana, pássaro de asas besuntadas no piche.

Falo desses anos que percorro sem enigma
porque sob os gestos simples do tempo
se espaira o segredo.
Anos que eu lembro
sem nem poder reparti-los contigo
porque estamos no intervalo arredio
e para mim já não é lúcida a tua face revisitada.
Agora envio a expressão que faltou ao poema.
Todo tempo com a sua teimosia,
com a sua viração, ou serenidade.
Será dessa vez a bravura da luta adiada,
será a paixão murmurando que veio
porque também o homem tem a sua parte louca.
Eu te consulto em imaginação.
Se não descubro os teus conselhos,
recorda que eu não entendo signos...
ou que a tua melhor razão não cobrirá o meu grito.
Eis a minha vida resguardada dos outros
e, porque resguardada, mendiga.
Tenho sim os meus acordes impecáveis,

mas está com Deus ou com uma igual vibração
a dimensão ao mesmo tempo justa e difusa
do concerto da vida.
Nós falhamos na conquista da flor,
esbanjamos o abraço querido,
pisamos a planta orvalhada.
Somos o ínfimo ou somos tanto,
não cabemos no projeto venturo
ou em acontecimentos.
Esse pouco desvario nos põe a correr pelo sangue.
É a força que não declaro,
uma segunda existência palpitante
em toda beatitude e nos corpos enfermos,
porque eu acredito.
Ouve, ouve o estribilho —
um amor penitente, um amor libertado,
quando é tão desejável morrer,
quando morrer é um perigo devassado.
No verso fugidio eu deponho meu passado,
ali eu o acarinho, eu o adormerço nos braços.
Lembra por quantas vezes
fracassamos e prosseguimos o nosso pacto,
a nossa marca grave de irmãos, o sangue conjugado,
quantas foram as noites que tombei de pecado
por atraiçoar a alegria,

quantas outras repetiste que a tua resignação era exausta.
Nem há mais o apelo delicado,
direito de reiniciar lentamente a busca do teu corpo,
do teu olho particular esverdeando uma tímida sensualidade
que era o sentido da tua inteligência.
Dessa vez será o desespero cerrado entre os dentes,
a jugular sobressalente, o muque rijo e latente,
meu sexo intumescido de medo.
Tua palma rente na minha,
entrávamos com primeiros lavores
no encantamento da vida,
e levávamos nada,
nenhum juízo, nenhuma cintilação ainda.
Agora é o meu viço preservado,
essa estreita presença de Deus ou de uma sinfonia parecida,
que me faz rebentar num tufão
e marcar estas linhas embriagadas e mortas para ti.
Porque eu acredito.

Lugar morto

> *Eis o que eu tinha para lhe dizer*
> *não acima do fragor da contenda,*
> *mas dentro da própria contenda.*
>
> (Albert Camus — *Cartas a um Amigo Alemão*)

Não há mais quando nos obrigamos
ao engano de afastar
nossa propensão insuspeita à loucura.
Alguém iniciou transigindo a normalidade,
levando ao chão a própria casa
com um método que nada teve
com a abolição de um futuro ou um terror abstrato,
teve sim com uma providência desesperada
contra a autopiedade.
Vimos a simplificação do reino
exagerada nos detalhes de cada coisa atingida,
não graças à batalha,
mas à definição de alguma verdade escura.
Um deus não será,
apenas como quem nos ressarce
um poder de imaginação
que nos transporta a uma virtualidade

distante do nosso absurdo direito ao crime.
Do corpo à cidade
borbulha a nossa infecção, assim livre de catástrofe,
que nada especulamos a mais que os fatos,
por terem eles compensado
nossa natureza sempre destinada ao azar.
Temos conosco, agora e porém,
o pouco privilégio de não cair mais.

Expiação

Da parceria profunda
reconheço os meus filhos alçados pelo reverso,
nos cordéis do pavilhão
onde cessam aqueles aventureiros
que aprovaram sobre seus prazeres o mal.
Desalinhados pelo osso,
com suas letras emborcadas na pedra,
o couro jovem desfiado em escarlate,
cravado na vara alta por semanas.

Ao toque de alarma para a agonia,
entre se resolverem pelo ferro
ou pelo único tributo indulgente
de rendição que os vingasse,
eles foram acautelados por mim,
ungidos com o meu soro bento
e depois completamente escarnados.

Câncer

Um pretexto suficiente, no tempo,
para teres renunciado e, aliás,
a entrada no sonho inocente
foste tu que cegaste dizendo
nada de ambição fora dos hábitos regulares,
que passe o desejo do ultimato,
convertido em simples suavidade.
Ao primeiro sinal de doença,
não te interessava se lento ou num ato,
o líquido manou do fundo da aparência jovem,
foi sujar o algodão debaixo, a casaca japonesa,
sujou uma gramática asséptica,
exemplo de alguns de teus vexames
delicadamente velados na superfície.
Aceitar com olhos ao largo das coisas visíveis,
aceitar então com olhos sumidos em viagem,
absorvendo todo estranho, a partir do suspeito,
todo incerto, a partir do injusto,
aceitar com olhos para dentro,
apenas se bloqueados, mas volvidos à insensatez,
tornou em um colapso de qualquer explicação.
A paz, na melhor indiferença,

dá teu pescoço à navalha,
crescendo a esmo uma certeza
de que não podes forçar mais saídas,
não preferir a vida dos outros,
ou malhar a pedra maciça,
como valesse um apelo por mudanças,
mas ao teu revés, a mudança,
e a tudo que a constância aprisiona, num cansaço,
tua pura gratidão compensa.
Pela manhã é a fome que te acorda sempre surpreso,
que corre até as extremidades quentes
e vem possuir tua confiança.
... *E ainda levas ao peito a pérola familiar,*
que amas por não te representar nada.

Colheita

Nos domínios da reboleira
tocamos as lagartas pela ramagem
ao lado do canteiro doente de feridas,
e a colônia das ninfas
(que receávamos murmurando)
corou de sardas a pétala rígida,
as videiras prediletas, a nêspera matutina.
Ingratidão da nossa terra, a epidemia
fez novena na escama dos brotos
e então migrou num corpo de larva
para o talão descalço das plantas minadas.
Gloriosos pela surpresa,
tola ou mestra em nosso declínio,
estamos bem.

CRISE

Mais adiante, o depoimento do equívoco
te resgata de um crime que pareceu fugidio
e de que por certo não te lembras nada,
mas para o qual supões necessária a tua redenção.
No domingo tu renasces,
tornas a ser pelo anseio de estender-te
aproveitando o lento, ainda um feliz gozador,
manco por trinta anos de tuas próprias argumentações.
Foste tu o brinquedo que mais divertiu os demônios
na maratona dos jogos
e agora já não te reconheces
dentro de um espaço e de um ritmo,
não lembras tua identidade acostumada à pobreza,
nem tuas maneiras exíguas que deram à vista
uma dramática insegurança da vida
como a de nenhuma derrocada.
Teu corpo adulto envolvido com a tragédia
foi encontrado frio no halo de uma carência
realizada no ciúme, e em outros problemas,
onde a sorte quis intrometer-se
e matar tuas acertadas previsões de piedade
e como de fato matou, bem à queima-roupa.

Tiveste a madureza que apenas uma temporada permite
em repentes injustificáveis,
para seres alguém desejado, tão desejado que te perdesses,
e na fatalidade, ao invés, não sentiste mal em perder-te.
No descanso do dia, entre ocupações e vazios,
paraste a pensar no amor
(espécie de amor por nada)
e em existências minúsculas
como a de uma aberração nos seus primeiros passos,
de um discurso pelas desigualdades transtornado na água.
Ali no contraste dos fatos amáveis e dos impuros,
paraste voltado para ti, atravessado de escândalo.
E vives, tornas a viver para o amor.

SACRAMENTO

Duramos sempre,
os meninos amanhecidos no profundo da laje,
talvez ainda assim loiros e mudos,
e nós que violentamente nos olhamos
e nos temos mais humildes desde quando
não eram conosco as certezas inelutáveis,
nem as roupas tão largas, as juntas enoveladas,
ou sequer era o voto de fé para darmos
inteiro macio e ardoroso aos nossos.
Um sigilo diz esta aversão pelos corpos dóceis,
nossa dissidência interna,
e também nosso estado hirto diante da campa,
ao invés de evocarmos a cruz, abaixados.
Uma paixão aguda, de outra vez,
declara a rota das alamandas que fazemos, todos os meses,
os melros-pretos ali segurados às ramas, tremendo,
quando à meia velocidade do trem os enxergamos,
e a chance de ousadia desaparecida diariamente
porque não vamos desvencilhados
ou perdemos a nossa maneira condoída
semeada à longa pena nos temores.

Cáceres, Cáceres,
no reduto constante das sombras,
nós estagnamos.

Desarcertos

O receio de não te bastares mais envelheceu,
e com ele os teus meses verdadeiros
quando foste, dentre todos de um consenso, o inimigo.
O gatilho espirou sem uma largada,
e tua carne obsoleta ou muito estúpida
se declarou aquela de uma personagem
esvaecida no outro minuto provisório,
mas não logo, portanto te demoras
nesse exuberante intermédio de beleza
em que a voz de um garoto apavorado
se ergue de tua subjetividade
(se dela quiseres te esgarrar, será pelo riso).
E no entanto uma opinião
que te apartasse das mortes periódicas
caiu-te orgulhosamente bem,
ao apelo de tua estética e a seu efeito.
Três juízes entregaram-te o favor
de sentares à mesa indecifrado
e beberes sem nenhuma cortesia.
Depositário da mente plena, da mente em pane,
tu rompeste com responsabilidades
e com a tua carícia sem motivos.
Teu dar de ombros indistinto existe e cresce
para o infame e para o crucial,
e nesse desgracioso brinde oferecido ao tédio,
por que não ser mais apreciável que tua alma
a tua civilidade de senhor milionário e bom?

CHAVE

Alguns anos em gentis desacordos
deram a razão dos teus vícios,
agora insuperáveis
e também protetores do desconhecido,
como à noite teres de estar nos recantos da casa
que sejam a tua própria carne recente,
e no ponto morto de um pátio
tua fala poder carregar o tom da infância.
Num homem envelhecendo contra o muro,
num homem apagado qualquer,
se concentraram as justificativas da tua premonição.
As fases de obediência
te parecem poucas e demais sólidas:
o momento do instinto
quando a morte perde a frente da guerra
para as satisfações estreitas do teu corpo,
o momento da lei
que corrige a tua sinceridade
e a dispõe num índice de ordenações,
ou finalmente a hora mais suave
— para a qual te preparas durante todo um inverno —
quando vacilas sobre as tuas medidas,

porque somente a intuição te permite
um puro extermínio dos meios e das finalidades.
Amplas de fascinação,
se te mostram as oportunidades de doer
preparadas à tua recusa indecisa
ou à tua errônea aceitação.
E para as respostas, não te fias na metáfora,
tens, ao contrário, um deus em que repousar o teu amparo.
Até que te cansasses,
ficou uma esperança preciosa de ir,
aquela que ainda evita o remorso
de teres consumido a linguagem,
ao invés da escolha pelo silêncio
que fosse livre de significados.
Ao longo de tua história, os afetos culpados,
soubeste afinal reduzi-los ao tamanho da tua compaixão.

Capítulo único

Se então tivessem havido na infância
juncos que subissem adiante restaurando o frontão,
um riso imprevisto não soaria o bastante insidioso.
Mas o entrelaçado dos dias
durante a *trajetória de antes*
foi outro menos preferível
e nem por se renovarem as saídas
agora a cegueira se arremessará do pensamento.
Hoje foi resgatada a menina
da décima quinta geração após os italianos autênticos
e os escravos da fazenda povoada nas brenhas.
Foi reconstituído o seu desaliado destino à deriva,
fechado o balanço de suas estimas e danos
sem mais tradição:
a cara lacerada nas bordas,
seus irmãos siameses condensados entre si
desesperadamente desde o nascimento indisposto,
alguma sensação medonha que rodeia os ares da morada
mas não culmina em enfrentar a louca
na prisão radicada do seu quarto,
um alarma vibrando tempestuoso
e distante sobre uma escarpa...

Novíssimos acordos com vida terminarão
no princípio destas lembranças talhadas
até que naqueles tempos se perdesse
o belo feitiço da comoção em frente à chama.

BREVE

Rogo manter contigo
as lições conquistadas na bonança.
Enevoadas no tédio, afetuosas,
que eu alcance as diferentes versões
da tua consciência distendida
e nos deitemos.
... Teu alforje de partida,
até mesmo ele participará
da minha espera alastrada.

A saudação em que se desdobrarem
os ponteiros, antes,
terá vincado na superfície
o bom agouro do meu oferecimento
a ti, de joelhos.

Ausente

Não parecerá contigo, mas tu te habituarás.
Uma angústia amadurecida
no rosto que te admite,
uma ruptura com o sempre.
Este foi o juramento:
o de não crer, para que te prevenisses.
No entanto encontravas o nimbo cingido a ti
antes de esmaeceres sobre o veludo cerrado
e emudeceres de novo.
Agora não dura a existência contraditória
e demasiada
de quem foi humilde e foi combatente.
Agora no rosto este turvo
de alguém aceito pelo cansaço.
Que venha.

ANGRA NOVA

*... Apenas que os bordões não ameacem romper
sem antes te advertir e aos poucos...*
Sejas tu o vivaz afeito ao silêncio
e que as semanas folgadas do ofício
agora não te levem à sageza.
Se fosse pronto o tempo de sátiras
em que não te ofendesses particularmente,
mas por hoje careces da presença reluzente
dos espaços atlânticos mal habitados,
e de pegar mais tábuas de marés,
e de escandecer a madeira exaurida
na orla das vagas gigantescas.
... Apenas que os bordões não ameacem romper...
Baste a terça força e nela o teu limpo privilégio
de calar, com as mãos cruzadas para trás.
Na mandala arranhada fundo na barra das aguadas
existe uma fina alusão à fantasia dos homens,
milagrosa e dispersiva.
Nos calores perigosos vindos com a tormenta
existe a cena de alguém alvejado por eles, sem aviso,
e os teus estores abertos ao refluxo, outra cena tão linda.
A espuma que alagou a cintura do hóspede moreno,

um arenque rabeando nas tramas,
e afinal a oportunidade certa de à mesa
unir o hóspede ao peixe:
esta é a simples seqüência da vida
ao longo da tua estada no costão,
quando te terás livrado de um comedimento
velhaco e explicável,
quando poderás reger muito longe, muito farto,
uma ordem qualquer de eventualidades naturais
não obscurecidas ainda,
pontuadas de pássaros e de marulho...
... *Apenas que os bordões não ameacem romper...*

Para amanhã

Faz tua casa um fragmento de alma,
cobre o teu pensamento.
Vai, que estás em tempo de colher-te,
um minuto para ser teu.
Interrompe tuas regatas desbravadas,
saídas das marinas solitárias,
e retribui para terra a demonstração das tuas patas.
Que não há segunda vez,
um homem se esgalha da marga ou desiste.
Para terra dá teus domingos desagradáveis e os risíveis.
Fica lasso, pétala urdida no sol e na água.
Vai, capaz de crescer.

Mariana Ianelli nasceu em 1979 na cidade de São Paulo. O interesse pela atividade poética surgiu durante a adolescência, período em que organizou material para o seu primeiro livro de poemas, *Trajetória de Antes* (Iluminuras; 1999). Desde então, vem participando de debates literários, dentre os quais se destaca o evento *Le Printemps des Poètes*, no qual esteve presente em 2001 junto a escritores franceses contemporâneos, em Rennes. Atualmente conclui o curso de Jornalismo na PUC-SP e colabora com alguns textos eventuais para a revista *Caros Amigos (Editora Casa Amarela)*.

Este livro foi impresso em São Paulo,
em Outubro de 2001, pela Prol Gráfica e Editora Ltda.,
para a Editora Ilumunuras.
A edição foi organizada
pelo estúdio gráfico G&C Associados.
O tipo utilizado foi Adobe Caslom.
O papel de miolo é Offset 120 g.
e o de capa é Cartão Supremo 250 g.